BEI GRIN MACHT SICH IHR WISSEN BEZAHLT

Präsentationen und das richtige Zeitmanagement. Ein Überblick über Storytelling, PowerPoint und das Setzen von Prioritäten

GRIN 😊

Bibliografische Information der Deutschen Nationalbibliothek:

Die Deutsche Nationalbibliothek verzeichnet diese Publikation in der Deutschen Nationalbibliografie; detaillierte bibliografische Daten sind im Internet über http://dnb.d-nb.de abrufbar.

ISBN: 9783346706034
Dieses Buch ist auch als E-Book erhältlich.

Druck und Bindung: Books on Demand GmbH, Norderstedt Germany
Gedruckt auf säurefreiem Papier aus verantwortungsvollen Quellen

Das vorliegende Werk wurde sorgfältig erarbeitet. Dennoch übernehmen Autoren und Verlag für die Richtigkeit von Angaben, Hinweisen, Links und Ratschlägen sowie eventuelle Druckfehler keine Haftung.

Das Buch bei GRIN: https://www.grin.com/document/1257446

Einsendeaufgabe

Alternative A

Gender-Hinweis

Im Sinne einer verbesserten Lesbarkeit wird auf eine geschlechterspezifische Sprache verzichtet. Der Text richtet sich allerdings gleichermaßen und ungeachtet des Wortlauts an Frauen, Männer und diverse Personen.

Inhaltsverzeichnis

Abbildungsverzeichnis

Abkürzungsverzeichnis

bzw.	beziehungsweise
usw.	und so weiter
z. B.	zum Beispiel
bspw.	beispielsweise
lt.	laut
ggf.	gegebenenfalls
v. Chr.	vor Christus
pt	Pint
Vgl.	Vergleiche
S.	Seite

1. Aufgabe A1

1.1 Storytelling in Präsentationen

Storytelling ist ein Anglizismus und besteht im Englischen aus zwei Wörtern. Auf der einen Seite haben wir das Nomen „Story", übersetzt bedeutet dies „Geschichte". Auf der anderen Seite steht das Verb „telling", übersetzt bedeutet dies „erzählen". Führt man die Übersetzung zusammen, erscheint folgende Bedeutung „Geschichten erzählen". Jeder kann Geschichten erzählen, jedem wurden bereits Geschichten erzählt. Im Allgemeinen scheint dies ein gängiger Begriff zu sein. Verständnishalber wird im weiteren Verlauf der Definition der Begriff Storytelling verwendet. Was verstehen wir also heutzutage unter diesem Begriff und welche Bedeutung hat er in der modernen und stetig wechselnden Kommunikations- bzw. Geschäftswelt? Unter dem Begriff Storytelling mögen sich einige eventuell einen Klatsch oder Erfundenes vorstellen, welches zur Unterhaltung dienen soll, das ist jedoch nicht der Fall, denn Storytelling soll hervorheben, wofür ein Unternehmen oder eine Person steht, welche Ziele verfolgt werden und warum ein bestimmtes Netzwerk das Unternehmen oder die Person unterstützen soll. Storytelling hat also nichts mit Erfundenem zu tun, sondern basiert auf Fakten. Zusammengefasst wird Storytelling bewusst eingesetzt, um wichtige Inhalte besser verständlich zu machen, dem bewussten Weitergeben von Informationen, um die geistige Beteiligung und das Mitdenken von Zuhörern auf eine höhere Ebene der Auffassungsgabe zu bringen. [1]

Einige mögen von sich aus behaupten, dass es das perfekte Storytelling nicht gibt, doch Geschichten haben nahezu eine identische Struktur. Der Unterschied liegt hier meist in der persönlichen Ausarbeitung und Ausschmückung von Details. Um eine Geschichte erfolgreich werden zu lassen, muss man sich auf die Kernbotschaft dieser konzentrieren, weniger auf die Details. Eine Geschichte hat ihren Zweck erst dann erfüllt, wenn der Kern erfolgreich an die Zuhörer übermittelt wurde und die Botschaft der Geschichte verstanden wurde. Die Kernbotschaft sollte Lösungen auf Fragen wie, worum es in der Geschichte geht, was aus der Geschichte gelernt werden kann oder was mit den Charakteren passiert, enthalten. Charaktere sollten ähnliche Merkmale und Eigenschaften wie die Zuhörer haben, damit diese Assoziationen knüpfen können und das Problem oder die Kernbotschaft besser zu verstehen. Im besten Fall sollen Charaktere Menschen sein, welche im Mittelpunkt stehen, meist können sich die Zuhörer

---

[1] Vgl. Lutschewitz (2020), S. 5

mit ihresgleichen noch besser identifizieren. Der wichtigste Punkt einer Geschichte ist das Anordnen von Ereignissen, bekannt als die Dramaturgie oder als auch Spannungsbogen. Dieser ist dafür verantwortlich, dass die Geschichte von Anfang bis Ende durchgeführt wird. Lt. Lutschewitz sollte die Spannungsenergie folgendermaßen aufgebaut werden:

Im besten Fall wird hier Spannung aufgebaut und ggf. eine Frage oder eine Problemstellung ins Leben gerufen, welche es zu klären gilt. Diese Ausarbeitung führt zum Höhe- und Wendepunkt, hier wir die Lösung der vorangegangenen Fragen oder Probleme aufgeführt. Der Schluss sorgt dafür, dass die Botschaft dauerhaft erlernt wird und die Zuhörer sich daran längerfristig erinnern. Damit die Dramaturgie jedoch funktioniert, müssen die Zuhörer unbedingt aus ihrer Komfortzone geholt werden. Dies geschieht meist durch besondere, außergewöhnliche oder merkwürdige Stellen in der Geschichte, so wird gewährleistet, dass die Geschichte vom normalen Alltag abweicht und volle Aufmerksamkeit erhält. Der Höhepunkt geht nun gezielt auf das Ergebnis ein, er ist der Kern jeder Geschichte, der die Lösung mit sich bringt, durch den zeitgleich passierenden Wendepunkt entsteht eine Geschichte. Die Zuhörer werden mitgerissen. [2]

Betrachtet man Storytelling aus psychologischer Sicht, bieten Geschichten virtuelle und mentale Räume für die Simulation von Handlungen und Überprüfung von Erfahrungen, ohne diese persönlich durchleben zu müssen. Somit unterscheidet die kognitive Psychologie drei Funktionsweisen von Geschichten:

Den Erfahrungsabgleich

Durch Geschichten werden uns vertraute Situationen gezeigt. Wir gleichen diese mit unseren Erfahrungen ab und können alternative Handlungsoptionen erkennen.

Das Stellvertreterlernen

Die Hauptfigur der Geschichte durchläuft Situationen oder Erlebnisse, welche wir selbst noch nicht erfahren durften. Sie handelt als stellvertretend, so können wir als Zuhörer aus dieser Simulation lernen.

---

[2] Vgl. Lutschewitz (2020), S. 6-8

Die Kontextualisierung

Geschichten helfen uns zu erinnern und zu verstehen. Durch Geschichten versuchen wir Erklärungsmuster zu erkennen, die uns helfen bestimmte Handlungsweisen und Erlebnisse besser zu verstehen.

Zusammengefasst helfen uns Geschichten aus psychologischer Sicht neue Welten zu erschließen.

Zum letzten und wesentlichen Punkt betrachten wir Storytelling in der Neurowissenschaft. Neurowissenschaftler sind überzeugt, dass Menschen sich Geschichten bis zu 22-mal besser merken als trockene Daten und Fakten. Die neurologische Wirkungsweise konnte durch zahlreich erforschte Testpersonen entschlüsselt werden. Beim Storytelling geht folgendes in unserem Gehirn vor:

Aktivierung der Großhirnrinde

Zwei Bereiche unseres Gehirns sind dafür da, um Geschichten überhaupt verstehen zu können. Diese zwei Bereiche sind zuständig für die Spracherkennung. Das Broca-Areal und das Wernicke-Areal. Beide Areale sind Teile der Großhirnrinde. Das Broca-Areal ist für die Grammatik und das Sprachverständnis zuständig. Außerdem sitzen hier die Zellen, die unsere Sprachmotorik steuern. Das Wernicke-Zentrum agiert unterstützend durch auditive Sensorik und logische Sprachverarbeitung. Beim Erfassen eines Textes wird außerdem die Inselrinde (Cortex insula) aktiviert. Die genaue Funktion ist bis heute nicht definierbar, Wissenschaftler nehmen jedoch an, dass der Inselkortex uns beim assoziativen Denken unterstützt. Zeitgleich verarbeiten wir chemische Reize und interpretieren, was wir riechen und schmecken.

Ausschüttung von Botenstoffen

Durch ein Experiment von Paul Zak, Leiter des Center of Neuroeconomic Studies der Claremont Graduate University, konnte festgestellt werden, dass Geschichten nicht nur im Kopf passieren, sondern unser Körper reagiert ebenfalls, Geschichten sind körperlich fühlbar. Der Puls wird nach oben getrieben, das Herz schlägt schneller oder bringen uns zum Schwitzen. Den Teilnehmern wurde ein Film gezeigt, welcher Emotionen wie Stress und Mitleid ausgelöst hat. Das war jedoch noch nicht alles, vor dem Film wurden den Testpersonen Blut entnommen, welches nach dem Zuschauen nochmals analysiert wurde. Hier wurde ein deutlicher Anstieg von zwei Hormonen festgestellt. Cortisol und Oxytocin. Cortisol wird bei Stress ausgeschüttet, auch bekannt als Stresshormon, er hilft uns zu fokussieren. Oxytocin hingegen wir als Kuschelhormon bezeichnet, mit Hilfe dieses Hormons empfinden wir Empathie, Liebe und Fürsorge.

Synchronisierung von Gehirnen

Uri Hasson, hat hierzu eine ganz interessante These aufgestellt. Und zwar die These der Hirn-Koppelung. Hasson hat feststellen können, dass sich während des Storytellings die Gehirne von

Sprecher und Zuhörer synchronisieren. Diese These konnte er mithilfe von unzähligen Experimenten nachweisen. Hasson erklärt außerdem, dass Stories die Macht haben, dass in Zuhörer eine Idee oder Erfahrung als seine eigene wahrnimmt.

Zusammenfassend gibt es drei Schlüssel, um zu erklären was Geschichten in unserem Gehirn auslösen und was den Erfolg von Storytelling ausmacht:

1. Geschichten mobilisieren unser Gehirn und aktivieren die verschiedensten Areale von unserem Sprachzentrum.
2. Geschichten spüren wir am ganzen Körper, sie schütten Hormone aus, welche uns Emotional mitfühlen lassen.
3. Geschichten pflanzen Ideen ein, so dass wir denken, dass es unsere eigenen sind und sie synchronisieren die Gehirne von Erzähler und Zuhörer. [3]

Doch welche Bedeutung hat Storytelling in Präsentationen?

Präsentationen sind heutzutage nicht mehr wegzudenken, ob im Beruf oder privat, wir präsentieren. Unsere Ideen, unsere Gedanken. Präsentationskompetenz zählt mittlerweile zu einer Basisqualifikation im Beruflichen wie im Privaten. Trotzdem ist lt. Schulenburg eine Präsentation zu halten eine Kunst, denn der größte Teil von Präsentationen ist nicht gut. Die Gründe hierfür sind verschieden. Unter anderem fehlen bei manchen Präsentationen der rote Faden, oder der Präsentator führt einen Monolog, wirkt aufgesetzt oder unnatürlich. Der wichtigste Grund, wieso Präsentationen meist nicht funktionieren, ist lt. Schulenburg die fehlende Kompetenz zur Wissensvermittlung

---

[3] Vgl. Sammer (2020), S. 27-33

in Präsentationen. In einer Präsentation geht es um Ideenvermittlung und um die Kommunikation zwischen dem Erzähler und Zuhörer. [4]

Wie bereits weiter oben erwähnt, kann unser Gehirn durch das Storytelling 22% mehr Informationen auffangen als durch trockene Daten und Fakten. Dennoch ist das Storytelling eine der Meisterdisziplinen im Präsentieren, Geschichten sollen so konstruiert werden, dass sie Emotionen und die dazugehörigen Hormonausschüttungen zu Folge haben. Dies ist die perfekte Grundlage zur Aufnahme von Informationen und Speicherung dieser.

Zum Schluss machen wir noch eine Reise in die Vergangenheit, um darzulegen, dass Storytelling schon in der Antike angewandt wurde. Aristoteles (384 – 322 v. Chr.) hat die wesentlichen Elemente einer guten Rede definiert:
Ethos: Jede gute Rede braucht einen Charakter, mit welchem sich die Zuhörer identifizieren können.
Pathos: Jede gute Rede weckt Emotionen und löst so starke Gefühle aus.
Logos: Jede gute Rede hat eine Struktur. Fakten und Daten werden logisch und klar mitgeteilt.
Wie man sieht, gibt es bis heute wesentlich gleichbleibende Merkmale zu den Aussagen von Aristroteles, so wird klar. Storytelling funktioniert schon seit Jahrhunderten. [5]

---

[4] Vgl. Schulenburg (2018), S. 1-2
[5] Vgl. Sammer (2020), S. 22

2. Aufgabe A2

2.1 Prinzipien und Regeln für die Arbeit mit der Präsentationssoftware PowerPoint

Präsentationen begleiten uns von Schulzeit an. Heutzutage sind diese jedoch nirgendwo mehr wegzudenken. Ob als Angestellter, Wissenschaftler aber auch als Student, man geht davon aus, dass sich jeder mit einer Präsentation auskennt, insbesondere mit PowerPoint. Man geht davon aus, dass eine Präsentation zu Routineaufgaben gehören, bei den meisten ist dies auch der Fall, dennoch so Renz, überwiegt die Zahl der Menschen, die Probleme damit haben. Der Grund dafür ist, dass man nie wirklich gezeigt bekommen hat, außer man hat aus eigenem Interesse an diversen Schulungen teilgenommen, wie eine Präsentation vorbereitet und geführt werden soll. Es gilt „Learning by Doing". Umso wichtiger ist es, dass man nach den Prinzipien und Regeln für eine perfekt Präsentation geht. Lt. Renz sind dies die inhaltliche Vorbereitung, die mediale Vor- und Aufbereitung sowie der Auftritt bei der Präsentation.

Bei der inhaltlichen Vorbereitung geht es um das Thema und die dazugehörige Vorbereitung. Des Weiteren, sollen bereits hier die Ziele der Präsentation festgelegt werden sowie eine Analyse der Zuhörer entstehen. Fragen wie, wer hört zu? Welchen Hintergrund haben meine Zuhörer, wie ist der aktuelle Wissensstand? Können hier unterstützend wirken. Diese Informationen geben bereits erste Hinweise über die Tiefe und den Umfang der vorzubereitenden Präsentation und bilden außerdem die Grundlage für den Zeitplan, der ebenfalls zur Vorbereitung gehört. Die untenstehende Abbildung zeigt die einzelnen Schritte, welche bei der Vorbereitung zu beachten sind, auf welche wir im Detail eingehen werden:

(Abbildung 1: Praktisches Vorgehen bei Erstellung einer wissenschaftlichen Präsentation.[6])

Das Thema, sowie die Zielgruppe ist meist vorgegeben. Nach gründlicher Überlegung und der Beantwortung von Fragen wie: Wie viele Personen sind im Zuhörersaal? Zu welchem Standpunkt und an welchem Ort findet die Präsentation statt? Wie viel Zeit muss ich einkalkulieren? Außerdem sollte man in dieser Etappe auch seine eigene Person analysieren: Welche Stärken oder Schwächen habe ich? Nach dieser ersten Analyse sollte nun ein grober Zeitplan für die Vorbereitung feststehen. Nach dieser Analyse beginnt dann der wichtigste Teil, die Ausarbeitung des Inhalts. Eigene Ideen sollten mit einbezogen werden, dennoch sollte viel Wert auf Recherche gelegt werden, es entsteht im Besten Fall ein Zyklus, in welchem die recherchierten Informationen zu neuen Erkenntnissen über das Thema führen, welche natürlich Einfluss auf die bisherige Ausarbeitung, also Struktur oder Gliederung haben. Wichtig ist auch hier, dass wissenschaftlich gearbeitet wird, Quellenangaben sind somit anzugeben. Die gesammelten Informationen müssen nun geordnet und strukturiert werden. Hier sollte man zwischen Schwerpunkte, Kern- und Randthemen differenzieren und auf den dazugehörigen Zeitrahmen anpassen. Zum Schluss erfolgt die Aufbereitung der Präsentation, wir sprechen hier von der Einleitung, dem Hauptteil und dem Schluss, die ausgearbeiteten Themen sollten hier nun eingeordnet werden, denn jeder Part der Präsentation hat seinen eigenen wichtigen Zweck. Außerdem muss hier beachtet werden, dass die Zuhörer nicht die ganze Zeit lang aufmerksam zuhören können, somit müssen die Sätze und die Struktur logisch und leicht verständlich aufgebaut sein, hierzu kommen wir im nächsten Abschnitt, der medialen Vorbereitung der Folien.[7]

Der wohl mit wichtigste Punkt bei der Darstellung von Folien bzw. der Präsentation allgemein ist die Visualisierung der jeweils einzelnen Folien. Damit ist die bildhafte Darstellung gemein. Lt. Renz werden durch Visualisierung Informationen schneller wahrgenommen und besser gespeichert im

Zusammenspiel mit den auditiven Signalen. Zusammengefasst bedeutet das also, dass die Stimme des Vortragenden und die visuellen Signale zu einer besseren Informationsaufnahme führen. Unsere Augen haben eine höhere Informationskapazität als unsere anderen Wahrnehmungssinne. Die Visualisierung hilft dabei den wesentlichen Kern hervorzuheben, den Überblick zu behalten, die Komplexität zu minimieren, Zusammenhänge und Strukturen leichter zu erkennen und in kurzer Zeit

---

[6] Vgl. Renz (2013), S. 22
[7] Vgl. Renz (2013), S. 70-71

viele Informationen zu vermitteln. [8] Zur Visualisierung gibt es Grundlegen, die es zu beachten gilt, Renz beton drei wesentliche Regeln: Lesbarkeit und Verständlichkeit, Struktur und Ordnung und Ordentlichkeit und Perfektion. Diese hat er in einer Grafik dargestellt:

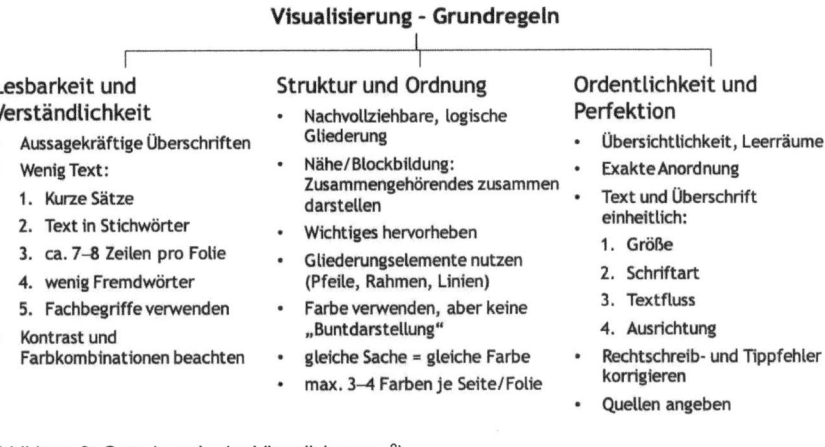

Visualisierung - Grundregeln

Lesbarkeit und Verständlichkeit	Struktur und Ordnung	Ordentlichkeit und Perfektion
• Aussagekräftige Überschriften	• Nachvollziehbare, logische Gliederung	• Übersichtlichkeit, Leerräume
• Wenig Text:	• Nähe/Blockbildung: Zusammengehörendes zusammen darstellen	• Exakte Anordnung
1. Kurze Sätze		• Text und Überschrift einheitlich:
2. Text in Stichwörter	• Wichtiges hervorheben	1. Größe
3. ca. 7–8 Zeilen pro Folie	• Gliederungselemente nutzen (Pfeile, Rahmen, Linien)	2. Schriftart
4. wenig Fremdwörter		3. Textfluss
5. Fachbegriffe verwenden	• Farbe verwenden, aber keine „Buntdarstellung"	4. Ausrichtung
• Kontrast und Farbkombinationen beachten	• gleiche Sache = gleiche Farbe	• Rechtschreib- und Tippfehler korrigieren
	• max. 3–4 Farben je Seite/Folie	• Quellen angeben

(Abbildung 2: Grundregeln der Visualisierung. [9])

Die Textgestaltung spielt ebenfalls eine wesentliche Rolle, diese umfasst den Schrifttyp, dieser sollte bekannt sein, damit bei einem spontanen Einsatz eines anderen PC's der Schrifttyp kein Problem darstellen sollte. Die Schriftart sollte ebenfalls gängig sein, wir sprechen hier also von kursiv, fett oder unterstrichen, jedoch nur für Hervorhebungen, zur einfachen Lesbarkeit. Der Text sollte mindestens 16 pt haben, Überschriften mindestens 20 pt, für eine bessere Gliederung. Im Allgemeinen sollte die Textfarbe schwarz sein, für Hervorhebungen kann gerne eine andere Farbe genutzt werden, man deutet hier, gleiche Farbe bedeutet gleiche Bedeutung. Hier ist jedoch die Farbwahl zu beachten, viele Farben werden mit bestimmten Gefühlen assoziiert. So bedeutet für

viele die Farbe Gelb, Sonne, Freude, Wärme, Neid, die Farbe blaue steht für Wasser und Himmel und die Farbe Organe für Feuer, Wonne und Energie. Für den Text sollten keine vollen Sätze benutzt werden, knapp und stichpunktartig sollte dieser sein. Pro Punkt sollte ein Gedanke ausformuliert werden, in besten Fall Linksbündig. Großbuchstaben sind schwerer zu lesen, deswegen sollten hier auf Kapitälchen verzichtet werden, die Druckschrift sollte der Schreibschrift bevorzugt werden, dient

---

[8] Vgl. Renz (2022), S. 101
[9] Vgl. Renz (2013), S. 107; In Anlehnung an Seifert (2012), S. 25; Landau et al. (2002), S. 344; Thiele (2010), S. 97; Müller-Schwarz und Weyer (2006), S. 154f

ebenfalls zur leichteren Leserhaftigkeit. Ebenfalls ist zu beachten, dass im europäischen Kulturkreis, die Leserichtung von links nach rechts und von oben nach unten ist. Zum Schluss ist anzuführen, dass die Folien unbedingt einheitlich gestaltet werden müssen. Das Bedeutet, gleiche Themen mit einer gleichen Farbe, gleiche Schriftgröße und Schriftart.

Bei der Visualisierung kann der Einsatz von Bildern unterstützten, Bilder sind zwar konkret und sachlich, wirken jedoch auf das Unterbewusstsein, durch Bilder können Emotionen entlockt werden und eine bestimmte Stimmung hervorgerufen werden. Wir bereits oben erwähnt schütten Emotionen Hormone aus, welche die Wissensaufnahme unterstützen. [10]

Der letzte und auch einer der wichtigsten Punkte ist das Auftreten bei der Präsentation. Hier zählt die Vorbereitung, die Auftrittsfreude, das Lampenfieber, die Körpersprache und Stimmung, das Reden und letztendlich die Körpersprache. Eine rechtzeitige Vorbereitung ist der Grundbaustein einer Präsentation. Durch intensive Vorbereitung eignet man sich fundamentales Wissen an, als positiver Nebeneffekt entstehen ordentliche und hilfreiche Unterlagen. Indem man sich sicher in seinem Präsentationsthema ist, schafft man automatisch Selbstvertrauen, dies ist essenziell für die Präsentation. Außerdem sollte man seinen Vortrag durch vorheriges Üben festigen. Am Besten trägt man sein Thema zur Übung bereits vor echten Menschen vor, man schafft also eine ähnliche Situation. Die Auftrittsfreude spielt ebenfalls eine große Rolle, nur wer sich positiv einstimmt, im besten Fall mit Affirmationen, festigt diese Einstellung und strahlt beim Präsentieren genau diese Freude und Einstellung aus. Lampenfieber gehört zu jedem guten Vortrag dazu. Um diese Aufregung abzubauen, sollte man sich wie bereits erwähnt gut vorbereiten, dies gibt die nötige Sicherheit, um die Aufgabe zu meistern. Die Körpersprache beeinflusst die Stimmung und die Stimmung die Körpersprache, dessen sollte man sich bewusstwerden und ganz exakt auf einen erhobenen Kopf, aufrechter Haltung und Selbstbewusstsein vor dem Publikum achten. Zusammenfassend beeinflusst die Körpersprache die physiologischen Eigenschaften, das bedeutet also die Stimme, die Mimik, die Gestik, die Körperhaltung und Körperstellung. Der Kleidungsstil spielt ebenfalls eine große Rolle. Das Reden bei einem Vortrag trägt auch einen wesentlichen Teil bei. Man sollte auf die Lautstärke, den Tonfall, die Betonung und die Aussprache achten. [11]

---

[10] Vgl. Renz (2013), S. 154
[11] Vgl. Renz (2013), S. 206-208

2.2 Anwendungsbeispiel Work-Life-Balance

Die oben erläuterten Grundlagen für eine PowerPoint Präsentation wenden wir nun am Beispiel Work-Life-Balance an. Für die Erstellung dieser Folie wurden die oben genannten Schritte zur Erstellung einer Präsentation befolgt. Das Thema war bereits vorgegeben, durch gründliche Recherche wurden zwei hilfreiche Quellen gefunden, mit welchem die fehlenden Informationen aufgearbeitet wurden. Die Inhalte wurden folglich nochmals analysiert, minimiert und strukturiert. Das Ergebnis wurde auf einer Folie wiedergegeben. Die Schriftart Arial wurde durchgängig benutzt. Die Überschrift unterscheidet sich mit 20 pt vom allgemeinen Textteil mit 16 pt, für die Fußnoten wurde 10 pt verwendet. Für die Verständnis wurden explizit vier Stichpunkte eingefügt und in einfacher Sprache niedergeschrieben, Linkszentriert, diese sind mit Fußnoten verzeichnet. Zur Veranschaulichung wurde eine selbsterstelle Grafik genutzt, in Anlehnung an Seiwert. Bewusst wurden hier die Farben Orange und Blau gewählt, da das Thema meist Unmut bringt, und die Farbe Organe für Energie und die Farbe Blau für den Himmel und das Meer steht, also etwas beruhigender wirkt. Der Hintergrund wurde zu übersichtszwecken mit der Farbe Weiß dargestellt und als Schriftfarbe wurde Schwarz gewählt. Durch unterstrichene und fett gekennzeichnete Wörter, soll hervorgehoben werden was die Hauptüberschrift ist und was eine Unterüberschrift ist. Die Wörter Work-Life-Balance wurden bewusst zweimal mit 20 pt geschrieben, da es sich hier um unser Hauptthema handelt.

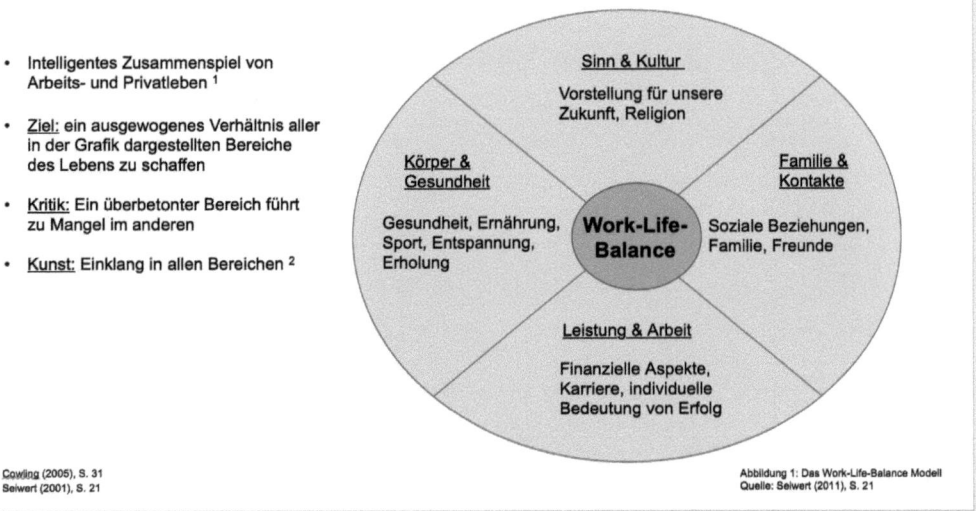

Work-Life-Balance

- Intelligentes Zusammenspiel von Arbeits- und Privatleben [1]

- Ziel: ein ausgewogenes Verhältnis aller in der Grafik dargestellten Bereiche des Lebens zu schaffen

- Kritik: Ein überbetonter Bereich führt zu Mangel im anderen

- Kunst: Einklang in allen Bereichen [2]

Sinn & Kultur
Vorstellung für unsere Zukunft, Religion

Körper & Gesundheit
Gesundheit, Ernährung, Sport, Entspannung, Erholung

Work-Life-Balance

Familie & Kontakte
Soziale Beziehungen, Familie, Freunde

Leistung & Arbeit
Finanzielle Aspekte, Karriere, individuelle Bedeutung von Erfolg

Vgl. Cowling (2005), S. 31
Vgl. Seiwert (2001), S. 21

Abbildung 1: Das Work-Life-Balance Modell
Quelle: Seiwert (2011), S. 21

Die Folie soll folgenden Inhalt vermitteln:

Das Thema Work-Life-Balance definiert sich als ein intelligentes Zusammenspiel von Arbeits- und Privatleben. Das Ziel ist es in allen Bereichen eine Balance zu finden. Lt. Seiwert sind die vier wesentlichen Bereiche Sinn & Kultur, Familie & Kontakte, Körper & Gesundheit und Leistung & Arbeit. Die Kritik an der Work-Life-Balance ist, sobald ein Bereich aus dem Gleichgewicht gerät, wenn man beispielsweise die Familie zu kurz kommen lässt, weil man wochenlang Überstunden auf der Arbeit macht, oder durch hartes Arbeiten seiner sportlichen Aktivität nicht mehr nachkommen

kann und somit gesundheitliche Schäden entstehen, entsteht ein Mangel im anderen Bereich. Die Kunst ist es daher, alle Bereiche des Lebens im Einklang zu bekommen, dann hat man die ideale Work-Life-Balance erreicht. Beispiel hierfür wäre, Kompromisse einzugehen oder an einem besseren Selbstmanagement arbeitet. Wenn man effektiver arbeitet, kommt man pünktlich aus der Arbeit und hat mehr Zeit für die Familie oder schafft es wieder regelmäßig zum Sport. Erst dann ist mein im Einklang mit sich selbst und seinem Leben und hat die ideale Work-Life-Balance geschaffen.

3. Aufgabe A3

3.1 Definition Selbstmanagement

Technologische Entwicklungen, Demografischer Wandel, Digitalisierung, steigende Anforderungen, neue Informations- und Kommunikationstechnologien, all diese Veränderungen führen zu steigenden Anforderungen und gesundheitlichen Risiken. Die Arbeitswelt ist stetig in Bewegung und die neuen Arbeitsformen fordern Betriebe sowie Arbeitnehmer gewissermaßen heraus. [12] Der Begriff Selbstmanagement stammt ursprünglich aus der Verhaltenstherapie. So befasst sich heutzutage vorwiegend die Personalpsychologie und die Arbeits- und Organisationspsychologie noch immer intensiv mit Selbstmanagement oder auch Selbstführung. Auch die Medizin befasst sich mit diesem Thema, hier geht es jedoch eher um die Bewältigung von Krankheiten wie z. B. Diabetes. In der Wirtschaft fokussiert man sich auch immer mehr auf diese Kompetenz. Die Begriffe Selbstregulation, Selbststeuerung und Selbstmanagement werden meist in der Psychologie verwendet, in der Managementliteratur spricht man von Selbstmanagement oder Selbstführung, hier spielt der Begriff Zeitmanagement ebenfalls eine wesentliche Rolle. Lt. Graf ist davon auszugehen, dass das Thema Selbstmanagement aufgrund der aktuellen Entwicklungen immer mehr an Wichtigkeit gewinnen wird, da die personalpsychologische Forschung sich bis heute noch nicht wirklich mit dem Thema befasst hat. Dabei umfasst Selbstmanagement lt. Graf die Bereitschaft und Kompetenz das Leben eigenverantwortlich zu organisieren, sodass Leistungsfähigkeit, Leistungsbereitschaft, Wohlbefinden und Balance gestärkt und langfristig behalten werden können. Kurz gesagt ist Selbstmanagement gelebte Selbstverantwortung. [13] Da man nun auf sich selbst gestellt ist, sein Privat- und Arbeitsleben zu organisieren sollte man sich verschiedene Ansätze von Selbstmanagementstrategien erlenen, diese sind vor allem in der psychologischen Literatur zu

finden, mit diesen Ansätzen wird dargelegt, wie komplex dieses Thema eigentlich ist und unterstützt mit unterschiedlichen Herangehensweisen, wie man Selbstmanagement leben und führen kann.

---

[12] Vgl. Germanis/Hutmacher (2018), S. 3
[13] Vgl. Graf (2022), S. 9-12

Als ältester Ansatz gilt der Kognitiv-behavioraler Selbstmanagement-Ansatz, dieser basiert auf lerntheoretischen Überlegungen von Mahoney (1972). Hier geht es darum, durch Selbststärkung (Belohnung), Selbstbestrafung und Stimuluskontrolle (verhindern von Situationen, die unerwünschtes Verhalten auslösen), seine alten uneffektiven Muster bzw. unerwünschtes Verhalten abzuschalten. Über das Verhalten wird die Selbstkontrolle erreicht, so entsteht eine höhere Wahrscheinlichkeit, dass das Verhalten verändert wird. Ein Verhalten, dass positiv verstärkt wird bleibt eher erhalten als ein Verhalten, welches negative Folgen hat. Beispiel: Die nächste Hausarbeit steht an, man verzögert die Abgabe bereits seit zwei Wochen, im Besten Fall identifiziert man das Problem anhand einer Selbstbeobachtung, nachdem man festgestellt hat, dass man lieber mit den Freunden jedes Mal weggeht, setzt man sich das Ziel die nächsten 2 Wochen nicht wegzugehen, damit man die Hausarbeit abgeben kann. Schafft man dies, so belohnt man sich mit einem Ausflug mit den Freunden, wenn nicht, wird der bereits in 4 Wochen geplante Kinoabend abgesagt. Als Stimuluskontrolle könnte man beispielsweise die WhatsApp-Gruppe auf stumm stellen und nur zu bestimmten Zeiten in die Gruppe zum Nachlesen schauen. Dies erfordert jedoch wie bereits erwähnt eine hohe Selbstbeobachtungsgabe und Selbstkontrolle, welches mit der Zeit gelernt werden muss.[14] Ein weiterer besonderer Selbstmanagementansatz ist das Zürcher Ressourcen Modell (ZRM), entwickelt von Storch und Krause (2016). Ursprünglich wurde es 1990 an der Universität Zürich entwickelt, als Training gegen Burnout-Erkrankungen bei angehenden Lehrkräften. ZRM ist lt. Graf ein systematischer Ansatz, in dem Methoden unterschiedlicher psychotherapeutischer Ansätze sowie Erkenntnisse aus der Neurowissenschaft beinhaltet. Es unterstützt die Teilnehmer dabei, ihre persönlichen Ziele und Motivation zu finden und für die Umsetzung und Erreichung dieser, seine Ressourcen zu aktivieren. Das ZRM umfasst fünf Phasen, die bestenfalls in einem Coaching-Prozess durchlaufen werden. Phase 1: Das Thema, Phase 2: Vom Thema zum Ziel, Phase 3: Vom Ziel zum Ressourcenpool, Phase 4: Die Ressourcen gezielt einsetzen, Phase 5: Integration und Transfer. [15] Zusammengefasst bedeutet Selbstmanagement nichts anderes, als die Fähigkeit zu erlangen, am Besten in Zusammenarbeit der verschiedenen Ansätze, alle Lebensbereiche in Balance zu halten. Ein weiterer wesentlicher Bestandteil des ZRM ist des Rubikon-Modell, dieses gibt einen Überblick über die verschiedenen Reifephasen, bevor der Wunsch einer Person mit Willenskraft verfolgt wird und letztendlich aktiv umgesetzt wird. Die erste Phase nennt sich Bedürfnis. Hier geht es darum, herauszufinden, welche Bedürfnisse auf der unbewussten Ebene sind, die mit einbezogen werden sollen. Die Motiv-Phase ist die

---

[14] Vgl. Graf (2019), S. 35-39
[15] Vgl. Graf (2019), S. 46

Phase des Wünschens und Abwägens. Welches Thema bzw. welches Motiv ist wichtiger? Die Bedürfnisse sollen hier abgewägt werden. Der Schritt über den Rubikon, ist der Schritt vom Wählen zum Wollen,

bedeutet ein Ziel setzen und verfolgen. Ist man in der Intention-Phase angelangt, so hat man lt. Graf die feste Absicht, sein Ziel in eine Handlung zu überführen. Die Phase präaktionale Vorbereitung ist von Nöten, wenn der konkrete Schritt von der Intention-Phase zur Phase Handlung nicht erfolgen kann. Die letzte Phase, die Phase Handlung ist der letzte Schritt und bedeutet die konkrete Handlung. Das Ziel wird also konsequent realisiert. [16]

3.2 Prioritätensetzung anhand Selbstmanagementmethoden

In Abschnitt 3.1 haben wir Selbstmanagement genau definiert und wie bereit zu Anfang erwähnt, gehört das Zeitmanagement sowie das Setzen von Prioritäten zur Wirtschaftsliteratur bzw. zur Wirtschaft dazu. Doch was sind Prioritäten und die definiert man Zeitmanagement? Denn Zeit an sich kann man nicht managen, sie vergeht kontinuierlich. Durch angewandte Zeitmanagementstrategien soll man in der Lage sein, Zeitprobleme zu lösen. Strategien sind zum Beispiel „Ziele definieren", „Prioritäten setzen", „Zeitplanung", und „Delegieren".[17] Prioritäten sind nichts anderes als wichtige Ziele, es ist jedoch essenziell, diese nach Wichtigkeit einzuteilen, sodass wir unsere Kraft auf die wesentlichen Aufgaben konzentrieren können. Prioritäten setzen ist das wirksamste Mittel, um die Lebens- und Arbeitsqualität zu verbessern und Stress und Druck zu minimieren.[18] Um Prioritäten zu setzen und ein effektives Zeitmanagement aufzustellen gibt es zahlreiche Methoden, von welchen wir uns drei genauer ansehen.

Die Eisenhower Methode gehört zu den Klassikern und wurde nach dem früheren US-Präsidenten Dwight David Eisenhower benannt.[19] Bei diesem Modell wird eine 2x2 Matrix erstellt mit einer x-Achse für wichtig oder unwichtig und einer Y-Achse für dringend oder nicht dringend. Die Aufgaben werden hier nach ihrer Dringlichkeit und Wichtigkeit eingeordnet.

---

[16] Vgl. Graf (2019), S. 47-48
[17] Vgl. Theurer (2019), S. VII
[18] Vgl. Baus (2015), S. 45
[19] Fieger/Fieger (2018), S. 220

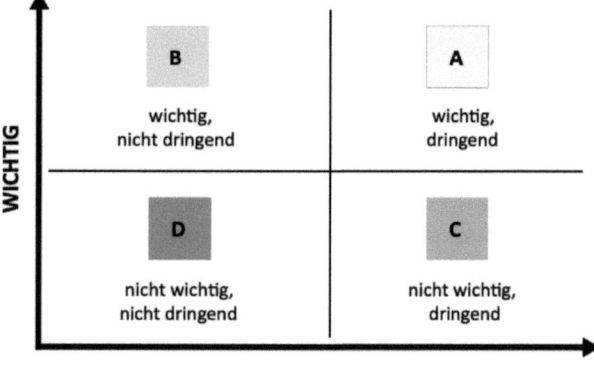

(Abbildung 3: Eisenhowermatrix. [20])

Die ALPEN-Methode wird ebenfalls zur Planung genutzt, bestenfalls kann man somit die ganze Woche oder die täglichen Abläufe strukturieren. ALPEN steht für nachstehende Schritte:

A = Aufgaben und Termine
Aktivitäten und Termine notieren, welche im Planungszeitraum zu erledigen sind.

L = Länge der Aktivität abschätzen
Grobe Einschätzung des Zeitbedarfs, man sollte ziemlich realistisch kalkulieren.

P = Pufferzeiten berücksichtigen
Pufferzeiten für Unvorhergesehenes sollen ebenfalls mit eingeplant werden. Hier gilt die 60:40-Regel. 60% verplanen und 40% für Unvorhergesehenes freihalten.

E = Entscheidungen treffen
Prioritäten sollen hier nun in Bezug auf die zu erledigenden Aufgaben gesetzt werden, was unwichtig ist soll rausgestrichen werden.

---

[20] Seidl/Seidl (2022), S. 30

Am Ende des Planungszeitraums soll überprüft werden, inwiefern die Planung umgesetzt werden konnte. Eine ehrliche Einschätzung sollte die zukünftige Planung erleichtern. [21]

Das Pareto-Prinzip ist nach dem italientischen Ökonom Vilfredo Pareto benannt und wurde anhand der Verteilung des Gesamtvermögens innerhalb der Gesellschaft von ihm erkannt. In Verbindung mit Zeitmanagement bedeutet dies, dass in 20% vorgegebener Zeit bereits 80% der zu erledigenden Aufgaben erfüllt werden können, und zwar sind dies akzeptable Ergebnisse. Die verbleibenden 20% der Aufgaben benötigen jedoch 80% der Zeit. Was nichts anderes bedeutet, dass man sich Gedanken darüber machen sollte, durch welche vielleicht unwichtigen Aufgaben die Zeit vergeudet werden kann.

3.3 Erläuterung eines Konflikts zwischen Prioritäten anhand eines fiktiven Fallbeispiels

Hannah ist 32 Jahre alt, hat zwei Kinder, ist verheiratet und arbeitet Teilzeit als Personalsachbearbeiterin. In ihrer Elternzeit wurde ihr klar, dass sie nicht weiterhin nur Personalsachbearbeiterin sein möchte, sondern in die Personalentwicklung einsteigen möchte, in Besten Fall als Human Ressource Managerin. Um diesen Weg zu gehen, muss sie sich weiterbilden, nach intensivem Austausch mit ihrem Mann ist die zum Entschluss gekommen, dass sie ein Fernstudium der Wirtschaftspsychologie beginnen wird. Dies bedeutet eine große Veränderung für die Familie, da der Ehemann Vollzeit arbeitet und erst nach 17:00 Uhr unterstützten kann. Zeitgleich bedeutet dies, dass sie weniger Zeit für ihre Kinder hat und ihren jüngsten nun länger im Kindergarten lassen muss, dabei hat sie sich damals geschworen, nicht eine dieser Mütter zu werden, die ihre Bedürfnisse vor den Kindern stellt. Diese Gedanken machten sie sehr unglücklich und sie wusste nicht, wie sie alles in Einklang bekommen soll. Sie stand also vor einem Prioritätskonflikt. Das Fernstudium hat also wie geplant begonnen, denn sie wollte ja trotz ihren Zweifeln weiter im Beruf vorankommen. Nach einiger Zeit merke sie immer mehr, dass sie unglücklich, gestresst und unmotiviert ihren Aufgaben nachgeht. Sie hat viel zu wenig Zeit für Ihre Kinder, der Ehemann ist komplett davon ausgeschlossen und die Arbeit geht auch nicht wirklich voran, das Einzige was aktuell läuft, ist das

---

[21] Seidl/Seidl (2022), S. 31

Fernstudium. Es musste also eine Lösung her. Von ihrer Bekannten hat sie von einem Coach gehört, den sie kurzerhand engagiert hat, um mit ihm gemeinsam ihr Selbstmanagement zu optimieren. Im Laufe des Coachings ist ihr bewusst geworden, dass ihr Selbstmanagement, besonders das Zeitmanagement einigermaßen in organisiert war, jedoch wusste sie nicht, wie man Prioritäten setzt, so kam es, dass der Konflikt zwischen ihren

Prioritäten zu einem absoluten Chaos in ihrem Leben herangewachsen ist. Der Coach nannte ihr ein paar essenzielle Methoden zur Priorisierung. Nachdem sie ihre Ziele in einer Eisenhowermatrix niedergeschrieben hat, ist ihr bewusst geworden, dass ihre Familie wichtig und dringend ist, ihr Fernstudium wichtig, jedoch nicht dringend ist und die Teilzeitstelle weder wichtig noch dringend ist, denn sie sind auf ihr Einkommen nicht angewiesen. Durch diese Analyse hat sie nun klar den Prioritätskonflikt lösen können und ist nun in der Lage ihren Fokus so zu legen, dass die ihren Aufgaben ohne Stress und mit klarem Kopf nachgehen kann.

Literaturverzeichnis

Fieger, J., Fieger, K. (2018), Führung ist erlernbar. Mit Struktur zur erfolgreichen Führungskraft. Wiesbaden: Springer Fachmedien Wiesbaden GmbH.

Lutschewitz, C. (2020), Storytelling und Leadership. Inspirieren und motivieren durch Geschichten. Wiesbaden: Springer Fachmedien Wiesbaden GmbH.

Sammer, P. (2014), Storytelling. Die Zukunft von PR und Marketing. Köln: O´Reilly Verlag GmbH & Co. KG.

Schulenburg, N. (2018), Exzellent präsentieren. Die Psychologie erfolgreicher Ideenvermittlung – Werkzeuge und Techniken für herausragende Präsentationen. Wiesbaden: Springer Fachmedien Wiesbaden GmbH.

Cowling, M. (2005), Still at Work? London: Work Foundation.

Seiwert, L. (2011), 30 Minuten Work-Life-Balance, 15. Auflage. Offenbach: GABAL Verlag GmbH.

Germanis, O., Hutmacher, S. (2018), Identität in der modernen Arbeitswelt. Neue Konzepte für Zugehörigkeit, Zusammenarbeit und Führung. Wiesbaden: Springer Fachmedien Wiesbaden GmbH.

Theurer, J. (2019) Zeitmanagement für Juristen. Strukturiert durch den Tag – mehr Effizienz – mehr freie Zeit, 3. Auflage. Wiesbaden: Springer Fachmedien Wiesbaden GmbH.

Baus, L. (2015), Selbstmanagement: Die Arbeit ist ein ewiger Fluss. Gelassener arbeiten und besser leben. Wiesbaden: Springer Fachmedien Wiesbaden GmbH.

Renz, K. (2013), Das 1x1 der Präsentation. Für Schule, Studium und Beruf. Wiesbaden: Springer Fachmedien Wiesbaden GmbH.

Seidl, T., Seidl, S. (2022), Selbstmanagement im Studium. Für Studierende der Geistes- und Sozialwissenschaften. Wiesbaden: Springer Fachmedien Wiesbaden GmbH.